las Estancias de DZYAN

H. P. Blavatsky

editorial Sirio, s.a.

2ª edición: septiembre 2002

Traducido del inglés por Pedro José Aguado Saiz
Diseño de portada: Pablo Eduardo Fiorenza

© de la presente edición
EDITORIAL SIRIO, S.A.
C/ Panaderos, 9
29005-Málaga

Nirvana Libros S.A. de C.V.
Av. Centenario, 607
Col. Lomas de Tarango
01620-Del Alvaro Obregón
México D.F.

Ed. Sirio Argentina
C/ Castillo, 540
1414-Buenos Aires
(Argentina)

www.editorialsirio.com
E-Mail: sirio@editorialsirio.com

I.S.B.N.: 84-86221-13-7
Depósito Legal: B-34.612-2002

Impreso en los talleres gráficos de Romanya/Valls
Verdaguer 1, 08786-Capellades (Barcelona)

Printed in Spain

Prólogo

La señora Blavatsky, en el prólogo de la primera edición de *La Doctrina Secreta*, pregunta: «¿quién ha oído hablar alguna vez del Libro de Dzyan?» Era en 1888. Hoy, tantas personas han oído hablar de él, tantos estudiosos del misterio del mundo han notado que alguna fibra íntima de su naturaleza vibraba en respuesta a la sonora resonancia de sus frases, que respondiendo a una demanda real y persistente, aquí están, las Estancias en que se basan los dos más importantes volúmenes de *La Doctrina Secreta*.

Para información de los lectores en cuyas manos puedan caer estas Estancias por primera vez, es lógico que demos un breve resumen de su origen, según la autoridad del Ocultista que las tradujo e introdujo en el mundo del pensamiento moderno. Los comentarios siguientes están sacados de la Introducción y Proemio de *La Doctrina Secreta* y del prólogo de *La Voz del Silencio* que, según nos dice la señora Blavatsky, forman parte de la misma serie de tesoros manuscritos, ocultos durante mucho tiempo, a que pertenecen las *Estancias de Dzyan*.

El *Libro de Dzyan* (o Dzan, palabra que la señora Blavatsky relaciona con Dhyâna) no está en ninguna biblioteca europea ni oyeron jamás hablar de él los eruditos de Europa. Sin embargo, existe, y descansa oculto, hasta para los intrépidos corresponsales de guerra, en una de las misteriosas bibliotecas de piedra que las estribaciones del Himalaya esconden hasta ahora.

Se asegura que todavía existe, bajo celosa custodia, la abundante e inapreciable herencia de una ciencia desaparecida desde hace mucho tiempo: los trabajos que se creyeron perdidos para la humanidad desde el incendio de la gran biblioteca de Alejandría y la mayor parte de los documentos originales, que han llegado al mundo moderno diseminados en miles de fragmentos del vasto cúmulo de MSS Sánscrito, quedan ahí para que la posteridad los desvele. *Las Estancias de Dzyan* son una muestra de lo que puede suceder llegado el momento. Esta selección que presentamos tiene sólo unos pocos fragmentos de un gran conjunto que podría ser la historia cósmica a la escala más grandiosa y admirable. Están escritas en un lenguaje desconocido para la filología, en caso de que se pueda aplicar el término «escritas» e ideogramas, de los que parece ser que en gran parte están formadas, combinados con un sistema simbólico de colores.

«Se presentan todas ellas –dice la señora Blavatsky– pasadas a una traducción moderna, ya que sería más que

Prólogo

inútil hacerlas más difíciles todavía utilizando la arcaica fraseología del original, con su enrevesado estilo».

Los términos utilizados, que no se han traducido, son tibetanos o sánscritos y para el lector normal pueden fácilmente suponer un escollo si no se hace referencia a la *Doctrina Secreta*, donde encontrará los comentarios al texto que completen su significado.

Las breves notas impresas en las páginas contiguas están sacadas de estos comentarios, y, sin duda, servirán de ayuda para el lector que no esté familiarizado y de recordatorio a los que ya hayan estudiado estas páginas.

Primera Parte

Sinopsis de las siete primeras Estancias

Tomadas del Proemio del Primer Volumen de la «Doctrina Secreta»

La historia de la Evolución Cósmica, tal como se plantea en las Estancias, podemos decir que es la fórmula algebraica de esta evolución. Por tanto, el estudioso no debe esperar encontrar en ella una descripción de todos los estados y transformaciones acontecidos entre los primeros comienzos de la Evolución Universal y nuestro estado actual. Dar esos detalles sería tan imposible como incomprensible para hombres que no pueden vislumbrar ni siquiera la naturaleza del plano inmediatamente superior al que, de momento, su consciencia está limitada.

Las Estancias dan una fórmula abstracta que se puede aplicar, *mutatis mutandis*, a toda evolución: a la de nuestra pequeña Tierra, a la de la Cadena de Planetas de la que forma parte la Tierra, a la del Universo Solar a que pertenece esta cadena y así sucesivamente, en escala ascendente, hasta que la mente se bambolea y se agota en el esfuerzo.

Las Estancias de Dzyan

Las Siete Estancias que se dan en este volumen representan los siete términos de esta fórmula abstracta. Describen los siete grandes estados del proceso evolutivo, del que hablan los *Purânas* como «las Siete Creaciones» y la Biblia como los siete «días» de la Creación.

La Estancia I describe el estado del TODO ÚNICO durante el Pralaya, antes de la primera vibración de la Manifestación. A primera vista comprendemos que es imposible describir dicho estado; solamente se puede simbolizar. Además, sólo se puede simbolizar en aspectos negativos, ya que, si es el estado de lo Absoluto *per se*, no puede tener ningún atributo específico que nosotros podamos definir con términos positivos. Por ello, este estado sólo puede sugerirse por la carencia de todos los atributos, incluso los más abstractos que el hombre pueda concebir, dentro de lo que le permitan los límites más remotos de su poder de concepción.

La Estancia II describe un estado que, para una mente occidental, es tan parecido, digamos casi igual, a lo que se menciona en la Estancia I que, para dar una idea de la diferencia, haría falta un tratado. Por tanto, hay que dejarlo a la intuición y las mayores facultades del lector, que capten, hasta donde le sea posible, el significado de las frases alegóricas que se emplean. Por descontado, hay que recordar que todas las Estancias apelan a las facultades internas, más que a la comprensión ordinaria del cerebro físico.

La Estancia III describe el Despertar del Universo después del Pralaya. Narra el nacimiento de las Mónadas, a partir del estado de absorción dentro del Uno, el primitivo y máximo estado en la formación de los Mundos. El término Mónada se puede aplicar por igual desde un inmenso Sistema Solar hasta un imperceptible átomo.

La Estancia IV marca la diferenciación del «Embrión» del Universo en la Septenaria Jerarquía de Fuerzas Divinas conscientes, que son las manifestaciones activas de la Única Energía Suprema. Son los diseñadores, constructores y, finalmente, creadores de todo el Universo manifestado, en el único sentido en que puede entenderse el nombre «creador»; ellos le dan forma y lo guían; ellos son los Seres inteligentes que regulan y controlan la evolución, incorporando en sí mismos las manifestaciones de la Ley Única, que nosotros conocemos como «Leyes de la Naturaleza».

Generalizando, se les conoce como Dhyân Chohans, aunque cada uno de los diversos grupos tiene su designación propia en la Doctrina Secreta.

Este estado de evolución se conoce en la mitología hindú como la «Creación de los Dioses».

La Estancia V describe el proceso de formación del mundo. Primero, como Materia Cósmica difusa, después el «Torbellino de fuego», el primer paso para la formación de una nebulosa. esta nebulosa se condensa y, después de sufrir diversas transformaciones, forma un Sistema Solar, una Cadena Planetaria o un solo Planeta, según sea el caso.

La Estancia VI indica el proceso que se sigue en la formación de un «Mundo» y da la evolución de ese Mundo hasta su cuarto período, que corresponde al período en que vivimos ahora.

La Estancia VII continúa la historia, describiendo el origen de la vida hasta la aparición del Hombre. Y con esto termina el Primer Libro de la Doctrina Secreta.

Estancia I

1. La Eterna Paternidad envuelta en sus Vestiduras Siempre Invisibles, se había adormecido otra vez por Siete Eternidades.

2. El tiempo no existía, pues yacía dormido en el Seno Infinito de la Duración.

3. La Mente Universal no existía, pues no había Ah-hi que la contuviese.

4. Los Siete Senderos de la Felicidad no existían. Las Grandes Causas de la Desdicha no existían, porque no había nadie que las produjese y fuese atrapado por ellas.

5. Las Tinieblas solitarias llenaban el Todo Ilimitado; pues Padre, Madre e Hijo eran, una vez más, Uno y el Hijo aún no había despertado para la nueva Rueda y su Peregrinación en ella.

6. Los Siete Señores Sublimes y las Siete Verdades habían dejado de ser, y el Universo, el Hijo de la Necesidad, estaba sumido en Paranishpanna, para ser exhalado por lo que es, y todavía no es. Nada existía.

Comentarios a la Estancia I

AH-HI:
Jerarquía de seres espirituales. Son, en su totalidad, las Fuerzas inteligentes que hay detrás de lo que llamamos Leyes de la Naturaleza.

GRANDES CAUSAS DE LA DESDICHA:
Las doce Nidânas o causas de existencia, de la filosofía budista.

SIETE SEÑORES SUBLIMES:
Los siete Logos Planetarios. Deidades que dirigen las cadenas planetarias. Arcángeles de la Creación en los Cristianos, Ameshaspentas en los Mazdeistas.

PARANISHPANNA:
Perfección absoluta —para nirvàna— el estado logrado al final de un gran período de actividad o Mahâmanvantara.

OJO ABIERTO DE DANGMA:
Llamado en la India del «Ojo de Shiva». Significa la visión espiritual interior del adepto o Jívanmukta. No es clarividencia ordinaria, sino la facultad de intuición espiritual, por la que se logra un conocimiento directo y certero.

Estancia I

7. Las causas de la Existencia habían sido suprimidas; lo Visible que era y lo Invisible que no es, descansaban en Eterno No-Ser. El único Ser.

8. Sola, la Forma única de Existencia se dilataba ilimitada, infinita, incausada, en un Sopor sin Sueños: y la Vida palpitaba inconsciente en el Espacio Universal, ocupando aquella Omnipresencia que es percibida por el Ojo Abierto de Dangma.

9. Pero ¿dónde estaba Dangma cuando el Âlaya del Universo estaba en Paramârtha, y la Gran Rueda era Anupâdaka?

Comentarios a la Estancia I

ÂLAYA:
> *Alma del Universo. Principio Divino que formó la unidad espiritual de todo lo existente.*

ANUPÂDAKA:
> *Huérfano. Se usa en la terminología teosófica para designar el segundo Plano Cósmico, donde se dice que está realmente el hábitat de las Mónadas Humanas. En esta estancia se usa para indicar el Universo en su eterna condición amorfa, antes de que los Constructores le diesen forma.*

Estancia II

1. ... ¿Dónde estaban los Constructores, los resplandecientes hijos de la Aurora de Manvantara?
   ... En las Tinieblas Desconocidas de su Ah-hi Paranishpanna. Los que de la No-Forma producen la Forma, la Raíz del Mundo, la Devamâtri y el Svabhâvat, descansaban en la Felicidad del No-Ser.

2. ... ¿Dónde estaba el Silencio? ¿Dónde los oídos que lo percibiesen? No, no había ni silencio ni sonido; nada, excepto el Incesante Hálito Eterno, ignorado por sí mismo.

3. Aún no había sonado la hora; aún no había fulgurado el Rayo dentro del Embrión; aún no se había henchido la Mâtripadma.

4. Su corazón* no se había abierto todavía para que penetrase el Rayo Único y cayese después, como tres en cuatro, en el Regazo de Mâyâ.

5. Los Siete aún no habían nacido del Tejido de la Luz. Las Tinieblas Solitarias eran el Padre-Madre, Svabhâvat; y Svabhâvat estaba en Tinieblas.

---

* El corazón de Mâtripadma

Comentarios a la Estancia II

CONSTRUCTORES:
Los arquitectos de nuestro sistema planetario. Jerarquías de inteligencias espirituales dedicadas a constituir la materia de los diferentes planos y crear las formas. En la más reciente terminología teosófica se ha restringido el significado de este término a la segunda función (ver Genealogía del hombre).

DEVAMÂTRI:
«Madre de los Dioses». Aditi o Espacio Cósmico.

SVABHÂVAT:
Se define como la esencia plástica que llena el Universo —el equivalente de mulaprâkriti—: no es materia, sino la raíz de la materia.
En la estancia Devamâtri y Svabhâvat tienen como característica común no haberse alterado con la fuerza vibratoria de los Constructores.

MÂTRIPADMA:
Literalmente, Madre-Loto. El loto es un antiguo símbolo oriental del Cosmos. La tradición popular cree que es porque la semilla del loto es como una miniatura de la futura planta, tipificando así que los prototipos espirituales de todo existen en el mundo no visto, antes de materializarse en la tierra.

Estancia II

6. Estos Dos son el Embrión y el Embrión es Único. El Universo estaba aún oculto en el Pensamiento Divino y en el Divino Seno.

Comentarios a la Estancia II

REGAZO DE MÂYÂ:
> La Gran Ilusión. Manifestación o apariencia, detrás de la cual está la única Realidad.

LOS SIETE:
> Ver «Los Siete Señores Sublimes», en la Estancia I.

Estancia III

1. ... La última Vibración de la Séptima Eternidad palpita por toda la Infinitud. La Madre se hincha y se abulta de dentro hacia fuera, como el Botón de Loto.

2. Pasa majestuosa la Vibración, rozando con su ala veloz el Universo entero y el Embrión que mora en las Tinieblas; las Tinieblas que exhalan su aliento sobre las dormidas Aguas de la Vida.

3. Las Tinieblas irradian la Luz y la Luz vierte un Rayo solitario en las Aguas, en el Abismo de la Madre. El Rayo traspasa el Huevo Virgen, el Rayo hace que se estremezca el Huevo Eterno y deje caer el embrión no Eterno, que se condensa en el Huevo del Mundo.

4. Los Tres caen en los Cuatro. La Esencia Radiante se hace Siete dentro, Siete fuera. El Huevo Resplandeciente, que es Tres en sí mismo, cuaja y se esparce en Coágulos blancos como la leche por todas las Profundidades de la Madre, la Raíz que crece en las Profundidades del Océano de la Vida.

5. La Raíz permanece, la Luz permanece, los Coágulos permanecen, y todavía Oeaohoo es Único.

Comentarios a la Estancia III

SÉPTIMA ETERNIDAD:
Más bien eón o gran edad —Manvantara.

HUEVO VIRGEN:
Huevo Eterno, Huevo-Mundo, Huevo del Universo, todos son símbolos muy antiguos típicos del origen del Universo, a partir de la materia indistinta del espacio. Lo mismo con el embrión fecundado que hay en el huevo, que con la energía creativa activada que hay en el Cosmos, empieza una acción y reacción y empiezan a producirse las formas del Cosmos, acabando con el «vacío amorfo». El proceso que podemos observar en el desarrollo de la célula del embrión es el que mejor puede darnos una idea del trabajo de los constructores ocultos en el ámbito del huevo-mundo. (Tal vez valga la pena decir que un reciente estudio astronómico sobre Estrellas Ambiguas, hecho por Mr. Lewis, del observatorio de Greenwich, publicado por la Royal Astronomical Society, asevera que «Los puntos que se presentan así parecen indicar que las estrellas que nos rodean forman un universo muy parecido a la forma de un huevo»).

OEAOHOO:
En la Doctrina Secreta se le llama también el misterio de siete vocales y representa la «Raíz Septenaria, de donde procede todo»... En otro sentido, es el nombre que se da a la Vida Única manifestada, la eterna Unidad viviente.

Estancia III

6. La Raíz de la vida estaba en cada Gota del Océano de la Inmortalidad y el Océano era Luz Radiante, que era Fuego, y Calor, y Movimiento. Se disiparon las Tinieblas y dejaron de existir; desaparecieron en su propia Esencia, el Cuerpo de Fuego y Agua, del Padre y la Madre.

7. Mira ¡Oh, Lanú! al Resplandeciente Hijo de los Dos, la Gloria que refulge sin igual, el Espacio Brillante, Hijo del Espacio Oscuro, que emerge de las Profundidades de las grandes Aguas Oscuras. Él es Oeaohoo, el más Joven. Él brilla de ahora en adelante como el Sol, es el Flameante Dragón Divino de la Sabiduría. El Uno es Cuatro, y Cuatro toma para sí Tres, y la unión produce el Sapta, en quien están los siete que se convierten en Tridasha, los Ejércitos y las Multitudes. Contémplalo levantando el Velo y desplegándolo de Oriente a Occidente. Esconde lo de Arriba y deja que se vea lo de Abajo como la Gran Ilusión. Señala los sitios de los Resplandecientes y convierte lo de Arriba en un Mar de Fuego sin orillas y lo Único Manifestado en las Grandes Aguas.

Comentarios a la Estancia III

LANÚ:
 Un estudiante o discípulo.

OEAOHOO, EL MÁS JOVEN:
 Se refiere al Ishavara de nuestro universo —el Logos del Sistema Solar.

EKA:
 Uno.

CHATUR:
 Cuatro.

TRI:
 Tres.

SAPTA:
 Siete.

TRIDASHA:
 Treinta.

Estancia III

8. ¿Dónde estaba el Embrión y dónde estaban ahora las Tinieblas? ¿Dónde está el Espíritu de la Llama que arde en tu Lámpara, Lanú? Eso es el Embrión y Eso es la Luz, el Resplandeciente Hijo Blanco del Oscuro Padre Oculto.

9. La Luz es Llama Fría y la Llama Fría es Fuego y el Fuego produce Calor que da lugar al Agua-Agua de Vida de la Gran Madre.

10. El Padre-Madre teje un Tul, cuyo extremo superior está unido al Espíritu, la Luz de la Oscuridad Única, y el inferior a su cola sombría, la Materia. Este Tul es el Universo, tejido con las Dos Sustancias hechas Una, que es Svabhâvat.

11. Se dilata cuando el Aliento del fuego cae sobre ella; se contrae cuando la toca el Aliento de la Madre. Los Hijos se disgregan entonces y se esparcen, para volver a su Regazo Maternal al final del Gran Día y ser de nuevo uno con ella. Cuando se está enfriando se hace radiante. Sus Hijos se dilatan y contraen en sí mismo y en sus corazones; abarcan la Infinitud.

Comentarios a la Estancia III

SHLOKA 7:
> Se dice que esta Shloka hace alusión al despliegue de las fuerzas creativas, siguiendo una primitiva ley numérica — la reaparición de las huestes de entidades cuya consciencia ha superado la noche de pralaya, o eón de encubrimiento, para llegar al de Logos Solar.

EL PADRE-MADRE TEJE UN TUL:
> En esta Shloka, el lector debe considerar otra vez el proceso microscópico del desarrollo de la célula y el tul que se teje entre los dos polos (positivo y negativo) de una célula viva.

LOS HIJOS:
> Los Poderes o Inteligencia, o Dioses de los Elementos.

FOHAT:
> Se define en la Doctrina Secreta como la fuerza consciente que enlaza el Espíritu con la Materia. «Es el puente por el que las ideas que existen en el Pensamiento Divino se imprimen en la Sustancia Cósmica como Leyes de la Naturaleza». Fohat es la energía dinámica de la Ideación Cósmica. En otros sitios se le designa «Electricidad Cósmica», recordándonos la asociación de la electricidad con toda actividad cerebral.
> Los lectores que recuerden las acertadas generalizaciones de Sir Wm. Crookes describiendo la formación de los

Estancia III

12. Entonces Svabhâvat envía a Fohat para endurecer los átomos. Todos ellos forman parte del Tul. Reflejando, como un Espejo, al «Señor que Existe por Sí Mismo», cada uno, a su vez, se convierte en un Mundo.

Comentarios a la Estancia IV

HIJOS DEL FUEGO:

En otros sitios se les llama «Las Llamas», los Hijos de la Mente, Agnishvatta Pitris, etc., son los moldeadores de la mente humana, los donantes del Divino Fuego. El fuego, en todas las religiones y mitologías, es el símbolo de la Deidad. El Fuego Divino que robó Prometeo es el fuego de la mente, necesitado para completar al hombre físico producido por otra línea de descendencia (Ver Genealogía del hombre).

Las Shlokas 3 y 4 exponen el orden de emergencia de los diversos grados y jerarquías de las Fuerzas espirituales. Esferas, Triángulos, Cubos, Líneas y Modeladores aparecen haciendo referencia a órdenes de materia elemental, los Tattvas de la filosofía hindú. Ver Evolución de la vida y de la forma de Mrs. Besant, y Fuerzas sutiles de la Naturaleza, de Rama Prasad.

OI-HA-HOU:

La Doctrina Secreta lo da como «La permutación de Oeaohoo». El significado literal de esta palabra, entre los ocultistas orientales del norte, es un viento circular, un torbellino; pero en esta ocasión quiere dar a entender con este término el incesante y Eterno Movimiento Cósmico, o, mejor aún, la causa que lo produce... Es el eterno Kârana, la causa de acción permanente.

Estancia IV

4. Éste era el Ejército de la Voz. Las Chispas de los Siete están sometidas y son servidoras del Primero, el Segundo, el Tercero, el Cuarto, el Quinto, el Sexto y el Séptimo de los Siete. A éstos se les llama Esferas, Triángulos, Cubos, Líneas y Modeladores; pues así se sostiene el Eterno Nidâna-el Oi-Ha-Hou.

5. El Oi-Ha-Hou, que es Tinieblas, el Ilimitado, o el Sin-Número, Âdi-Nidâna Svabhâvat, el O:

   I. El Âdi-Sanat, el Número, porque él es Uno.
   II. La Voz del Mundo, Svabhâvat, los Números, porque él es Uno y Nueve.
   III. El «Cuadrado sin forma».

   Y estos tres, encerrados dentro del O, son el Cuatro Sagrado; y los diez son el Universo Arûpa. Entonces vienen los Hijos, los Siete Luchadores, el Uno, excluido el Ocho, y su Aliento, que es el Hacedor de la Luz.

6. Después, los Segundos Sietes, que son los Lipika, producidos por los Tres. El Hijo Desechado es Uno. Los «Hijos-Soles» son innumerables.

Comentarios a la Estancia IV

ÂDI-SANAT:

Literalmente, Anciano Primigenio. «Anciano de los Días».

Los Hijos, Los Siete Luchadores, el Único, el Octavo excluido:

Se refiere a la formación del Sistema Solar, no según la Teoria Nebular de Laplace, sino por una condensación de materia cometaria, en la que nuestro Sol fue el primero en salir de una masa rotativa.

LOS LIPIKA:

Escribas, literalmente, los anotadores en contacto con Karma, los «asesores» o reguladores del destino que un hombre se ha hecho a sí mismo.

Estancia V

1. Los Siete Primordiales, los Siete Primeros Resuellos del Dragón de la Sabiduría, producen a su vez, con sus Sagrados Alientos de Circulación giratoria, el Torbellino de fuego.

2. Ellos hacen de él el mensajero de su Voluntad. El Dzyu se convierte en Fohat: el raudo Hijo de los Hijos Divinos, cuyos Hijos son los Lipika, describen círculos haciendo recados. Fohat es el Corcel, y el Pensamiento es el Jinete. Él atraviesa como el relámpago las nubes de fuego; da Tres, y Cinco y Siete pasos a través de las Siete Regiones de arriba, y las Siete de abajo. Él levanta su Voz, y llama a las innumerables Chispas y las reúne.

3. Él es el Espíritu que las guía, su conductor. Cuando empieza a trabajar, separa las Chispas del Reino Inferior, que flotan y se ciernen gozosas en sus radiantes moradas, y forma con ellas los Embriones de las Ruedas. Las sitúa en las Seis Direcciones del Espacio, y una en el Centro —La Rueda Central.

Comentarios a la Estancia V

EL TORBELLINO DE FUEGO:
>   *Fohat, el Mensajero de los Dioses.*

DZYU SE CONVIERTE EN FOHAT:
>   *El conocimiento Real de la sabiduría oculta se convierte en Fohat, la energía creativa activa del pensamiento.*

TRES, CINCO Y SIETE PASOS. SIETE ARRIBA Y SIETE ABAJO:
>   *Se refiere a los planos y subplanos del Cosmos Solar. (Compárese con los capítulos sobre la Ciencia Antigua y Moderna y la evolución de la forma, en Evolución de la vida y de la forma, de Mrs. Besant).*

CHISPAS:
>   *Átomos.*

RUEDAS:
>   *Centros de fuerza, alrededor de los cuales se forma la materia cósmica y, pasando por etapas de consolidación, acaba por convertirse en una esfera.*

DIVINO ARÛPA:
>   *Universo amorfo del pensamiento.*

CHHÂYÂ LOKA:
>   *Mundo de sombra de la forma Primigenia.*

Estancia V

4. Fohat traza líneas espirales para unir la Sexta a la Séptima —la Corona. En cada ángulo hay un Ejército de los Hijos de la Luz; los Lipika, en la Rueda Central. Ellos dicen: «Esto es bueno». El primer Mundo Divino está dispuesto; el Primero, el Segundo. Entonces, el «Divino Arûpa» se refleja en Chhâyâ Loka, la Primera Vestidura de Anupâdaka.

5. Fohat da cinco pasos y construye una rueda alada en cada rincón del cuadrado para los Cuatro Santos... y sus Ejércitos.

Comentarios a la Estancia V

LOS CUATRO SANTOS:
> Los Cuatro Mâhârajahs o Devas que presiden los cuatro puntos cardinales. Ángeles o regentes, que dirigen las fuerzas Cósmicas del Norte, Sur, Este y Oeste. Una creencia común al Cristianismo Romano y al Ocultismo Oriental. La custodia de los cuatro puntos cardinales es así en la tradición Cristiana:
>
> > Norte, Arcángel Gabriel.
> > Este, Arcángel Miguel.
> > Sur, Arcángel Rafael.
> > Oeste, Arcángel Uriel.
>
> (Véase también, en relación con esto, la visión de Ezequiel, capítulo I).

EL ANILLO «NO-SE-PASA»:
> Tiene algo más que un significado oculto. Tal vez se pueda interpretar aquí correctamente como el límite de consciencia para todas las entidades que hay en el sistema. Así, si entendemos la vasta región del Sistema Solar como una ampliación con el aura del Logos Solar, la superficie de esta gran esfera seria el Anillo No-se-pasa, el límite más remoto de consciencia para todas las entidades que forman parte de este sistema. Efectivamente, en esta aura «vivimos, nos movemos y tenemos nuestro ser».

Estancia V

6. Los Lipika circunscriben el Triángulo, el Primero, el Cubo, el Segundo y la Estrella de Cinco Puntas dentro del Huevo. Es el Anillo llamado «No-se-pasa» para los que bajan y suben; los que durante el Kalpa avanzan hacia el Gran Día «Sed con Nosotros». Así se formaron los Arûpa y los Rûpa: de Una Luz, Siete Luces; de cada una de las Siete, siete veces Siete Luces. Las Ruedas vigilan el Anillo.

Comentarios a la Estancia V

KALPA:
   Período de manifestación. Gran Círculo.

GRAN DÍA «SED CON NOSOTROS»:
   El resto del Praylâya o Paranirvâna. «Corresponde, dice la Sra. Blavatsky, al día del Juicio Final de los Cristianos, que tan lamentablemente se ha materializado en su religión».

Estancia VI

1. Por el poder de la Madre de Misericordia y Conocimiento, Kwan-Yin —la Triple de Kwan-Shai-Yin, que mora en Kwan-Yin-Tien—, Fohat, el Aliento de su Progenie, el Hijo de los Hijos, habiendo llamado, desde los Abismos Inferiores, la Forma Ilusiva de Sien –Tchan y los Siete Elementos.

2. El Veloz y Radiante produce los siete Centros Laya, contra los que ninguno prevalecerá hasta el Gran Día «Sed con Nosotros» y asienta el Universo sobre estos Cimientos Eternos, rodeando a Sien-Tchan con los Embriones Elementales.

3. De los Siete, primero se manifestó Uno, se ocultaron Seis; se manifestaron Dos; se ocultaron Cinco; se manifestaron Tres; se ocultaron Cuatro; se produjeron Cuatro, se escondieron Tres; se revelaron Cuatro y un Tsan, se ocultaron Dos y Una-Mitad; Seis para manifestarse, Uno quedó apartado. Por último, Siete Ruedecillas girando; una generando a otra.

4. Él las construye a semejanza de Ruedas más antiguas, colocándolas en los Centros Imperecederos.
   ¿Cómo las construye Fohat? Recoge el Polvo de Fuego. Hace Esferas de Fuego y corre a través de ellas y alrededor de ellas, infundiéndoles vida; después las pone en movimiento, unas en una dirección y otras en

Comentarios a la Estancia VI

KWAN-YIN. KWAN-SHAI-YIN. KWAN-YIN-TIEN:
Madame Blavatsky especifica que esta Estancia se ha traducido de un texto chino, por lo que los nombres no tienen equivalencia en el sistema Brahmánico. Añade que no se emplea la nomenclatura Esotérica.

SIEN-TCHAN:
Nuestro Universo.

EL VELOZ Y RADIANTE:
Fohat.

CENTROS LAYA:
Punto cero de núcleo, desde el que empieza la diferenciación.

EMBRIONES ELEMENTALES:
Los Átomos de la Ciencia.

DE LOS SIETE:
Falta la palabra «Elementos» para completar el sentido.

TSAN:
Fracción.

Estancia VI

otra. Están frías, él las calienta. Están secas, él las humedece. Brillan, él las airea y las refresca. Esto hace Fohat de un Crepúsculo a otro, durante Siete Eternidades.

5. En la Cuarta, se ordena a los Hijos que creen sus Imágenes. Un Tercio se niega. Dos Tercios obedecen. Se pronuncia la Maldición. Nacerán en la Cuarta, sufrirán y harán sufrir. Es la Primera Guerra.

6. Las Ruedas más Antiguas rodaban hacia abajo y hacia arriba. La Progenie de la Madre llenaba el Todo. Se riñeron Batallas entre los Creadores y los Destructores, y en las Batallas lucharon por el Espacio; apareciendo y desapareciendo continuamente la Semilla.

7. Haz tus cálculos, Oh Lanú, si quieres enterarte de la edad exacta de tu Ruedecilla. Su Cuarto Radio es nuestra Madre. Alcanza el Cuarto Fruto del Cuarto Sendero de Conocimiento que lleva a Nirvâna, y tú comprenderás, porque verás.

Comentarios a la Estancia VI

Las frases de la cuarta Shloka habría que considerarlas atentamente a la luz de la opinión moderna, que está reemplazando la teoría de Laplace sobre la formación del Sistema Solar. Aquí cambia la materia de las estancias. Los demás versos, contenidos en el volumen primero de la Doctrina Secreta, se refieren solamente a la evolución de la Tierra y sobre la Tierra.

En la Cuarta:

Vuelta o revolución de la onda de la Vida alrededor de una cadena planetaria de globos.

Las Ruedas más Antiguas:

Se refiere a los mundos o globos de esta cadena planetaria en los primeros períodos de manifestación.

Batallas reñidas:

La mayoría de las cosmogénesis antiguas y mitologías dan noticias de «guerras en los cielos». El Comentario Oculto dice lo siguiente: «Habiéndose diseminado por el Espacio, sin orden ni sistema, los Embriones del Mundo entraban frecuentemente en colisión, hasta su agrupación final, después de la cual se hacían errantes (cometas)».

Estancia VII

1. Éste es el principio de la Vida amorfa sensible. Primero, el Divino, el Único que procede del Espíritu-Madre; después, el Espiritual; los Tres que emanan del Uno; los Cuatro que emanan del Uno, y los cinco, de los que emanan los Tres, los Cinco y los Siete. Éstos son los Triples y los Cuádruples hacia abajo; los Nacidos de la Mente, hijos del Primer Señor, los Siete Resplandecientes. Ellos son tú, yo, él, Oh Lanú; los que velan por ti y tu madre, Bhûmi.

2. El Rayo Único multiplica los Rayos menores. La Vida precede a la Forma y la Vida sobrevive al último átomo. A través de los Rayos innumerables, el Rayo de la Vida, el Único, como un Hilo que ensarta muchas cuentas.

3. Cuando el Único se hace dos, aparece el Triple y los tres son uno; y éste es nuestro Hilo, ¡Oh Lanú!, el corazón de la Planta del Hombre, llamado Saptaparna.

Comentarios a la Estancia VII

El libro Genealogía del hombre *puede ser de gran utilidad para el estudio de la Estancia VII.*

La primera Shloka se refiere a las Jerarquías de Fuerzas Creativas.

ESPÍRITU-MADRE:
: *Âtman.*

ESPIRITUAL:
: *Âtma Buddhi.*

PRIMER SEÑOR:
: *Logos Solar o Ishvara.*

SIETE RESPLANDECIENTES:
: *Siete Logos Planetarios o Logos Creativos.*

BHÛMI:
: *La Tierra.*

SAPTAPARNA:
: *Planta sagrada de siete hojas, que representa al hombre como ser de siete principios.*

LLAMA DE TRES LENGUAS:
: *La tríada espiritual inmortal. Âtma-Buddhi-Manas.*

Estancia VII

4. Es la Raíz que nunca muere; la Llama de Tres Lenguas y cuatro Pábilos. Los Pábilos con las Chispas que saltan de la Llama de Tres lenguas lanzada por los Siete —su Llama— los Rayos de Luz y las Chispas de una Luna que se refleja en las inquietas Ondas de todos los Ríos de la Tierra.

5. La chispa cuelga de la Llama por el más tenue hilo de Fohat. Viaja por los Siete Mundos de Maya. Se detiene en el Primero y es un Metal y una Piedra; pasa al Segundo, y mírala convertida en una Planta; la Planta gira en siete cambios y se convierte en un Animal sagrado. De la combinación de los atributos de estos se forma Manú, el Pensador. ¿Quién lo forma? Las Siete Vidas y la Vida Única. ¿Quién lo completa? El Quíntuple Lha. Y ¿quién perfecciona el último Cuerpo? Pez, Pecado, Soma...

6. Desde el Primer Nacido, el Hilo entre el Vigilante Silencioso y su sombra se hace más y más fuerte y radiante a cada cambio. La Luz del Sol de la mañana se ha cambiado en la Gloria del mediodía...

Comentarios a la Estancia VII

LOS PÁBILOS, LAS CHISPAS:
Las Mónadas Humanas.

SIETE MUNDOS DE MAYA:
Se refiere a los Siete Globos de la Cadena Planetaria, así como a las siete Vueltas.

EL QUÍNTUPLE LHA:
Los «Hijos de la Mente» o Agnishvatta Pitris.

PEZ, PECADO Y SOMA:
Tres «símbolos ocultos del Ser inmortal», sobre los que el Comentario no da una explicación completa.

PRIMER NACIDO:
Hombre primitivo, tal vez primera raza.

VIGILANTE SILENCIOSO:
Aquí significa el dios de cada hombre. La Mónada.

SOMBRA:
Los inestables vehículos de la Mónada.

CAMBIO:
Reencarnación o renacimiento.

Estancia VII

7. «Ésta es tu Rueda actual», dijo la Llama a la Chispa. «Tú eres yo misma, mi imagen y mi sombra». Yo me he vestido en ti y tú eres mi Vâhan hasta el día «Sed con Nosotros», en que has de volver a ser yo misma, y otros serán tú misma y yo. Entonces los Constructores, terminada su primera Vestidura, descienden sobre la radiante Tierra y reinan sobre los Hombres, que son ellos mismos.

Comentarios a la Estancia VII

Entonces empiezan las pugnas y las peleas. Los (cuerpos) más viejos atraen a los más jóvenes, mientras otros los repelen. Muchos perecen, devorados por sus compañeros más fuertes. Los que se libran se convierten en «Mundos». Todos éstos pueden considerarse con atención como algunos problemas astronómicos no resueltos.

PEQUEÑA RUEDA:
Es nuestra Tierra, el Cuarto Globo de la Cadena.

VÂHAN:
Vehículo.

CONSTRUCTORES:
En este caso indica los seres celestiales que encarnaron en las primeras razas del género humano y les enseñaron y las guiaron como reyes divinos y sacerdotes o líderes.

Segunda parte

Antropogénesis

Del Tercer Volumen de la «Doctrina Secreta»

Sólo se han extraído cuarenta y nueve Shlokas, de los varios cientos disponibles, y no todos los versos se han traducido al pie de la letra, ya que se ha usado una perífrasis, buscando la claridad y la comprensión, en aquellos casos en que una traducción literal hubiese resultado ininteligible. Las Estancias que hay en este volumen con sus comentarios están sacadas de los mismos archivos arcaicos que las Estancias de la Cosmogénesis del Volumen I. Se ha hecho dentro de lo posible, una traducción literal; pero algunas son demasiado oscuras para que se entiendan sin una explicación, y por ello, como en el Volumen I, se ha intentado hacerlas más claras, añadiendo notas explicatorias. En cuanto a la Evolución del género humano, la *Doctrina Secreta* plantea tres nuevas proposiciones, que se mantienen en abierto antagonismo con la Ciencia Moderna y los dogmas religiosos. Se enseña: a) la evolución simultánea de siete Grupos humanos en siete puntos distintos de nuestro globo; b) el nacimiento de un cuerpo *astral* antes que un cuerpo *físico*, sirviendo el primero de modelo para el segundo, y c) que el hombre apareció en el reino animal de la Tierra antes que cualquier otro mamífero, incluidos los antropoides.

Estancia I

1. El Lha que dirige al Cuatro es Servidor de los Lhas de los Siete, los que, conduciendo sus Carros, dan vueltas alrededor de su Señor, el Ojo Único de nuestro Mundo. Su aliento dio vida a los Siete. Dio vida al Primero.

2. Dijo la Tierra: «Señor de la Faz Resplandeciente, mi Casa está vacía... Envía a tus Hijos para poblar esta rueda. Has enviado a tus Siete Hijos al Señor de la Sabiduría. Él te ve siete veces más cerca, él te siente siete veces más. Has prohibido a tus Servidores, los Anillos pequeños, que recojan tu Luz y tu Calor, que intercepten a su paso tu gran Generosidad. Envía ahora de la misma forma a tu Servidora».

Comentarios a la Estancia I

LHA:
> *Espíritu; cualquier ser celestial o sobrehumano igual o inferior a un arcángel.*

LHAS DE LOS SIETE:
> *Los Siete Logos Planetarios, que rigen los siete planetas sagrados.*

SU SEÑOR:
> *El Logos Solar.*

SEÑOR DE LA FAZ RESPLANDECIENTE:
> *El Sol.*

SEÑOR DE LA SABIDURÍA:
> *Mercurio.*

LOKA:
> *Literalmente, un sitio.*

SEÑOR DEL LOTO:
> *Kumuda-Pati. La Luna, el origen de la Tierra. Según la doctrina oculta, en un manvantara anterior la Luna ocupó la misma posición que ocupa la Tierra en el presente ciclo, y podría decirse que los «principios vitales» de la Luna se han reencarnado en la Tierra.*

Estancia I

3. Dijo el Señor de la Faz Resplandeciente: «Yo te enviaré un Fuego cuando haya comenzado tu obra. Eleva tu voz a otros Lokas; recurre a tu Padre, el Señor del Loto, en demanda de sus Hijos... Tu pueblo estará bajo el mando de los Padres. Tus Hombres serán mortales. Los Hombres del Señor de la Sabiduría, no los Hijos de Soma, son inmortales. Cesa en tus quejas. Tus Siete Pieles están aún sobre ti... Tú no estás preparada. Tus Hombres no están preparados».

4. Después de grandes sufrimientos, se quitó sus Tres Pieles Viejas y se puso sus Siete Pieles nuevas, y se afirmó en su primera.

Comentarios a la Estancia I

PADRES:
>   *Pitris lunares o Antepasados.*

SOMA:
>   *La Luna.*

SIETE PIELES:
>   *Y la Shloka nº 4 se refieren a las grandes convulsiones geológicas que acompañan al desarrollo de los siete grandes ciclos de evolución que pasa la Tierra. Cataclismos que originan inmensos cambios en la configuración de las relativas zonas de tierra y agua.*

Estancia II

5. La Rueda giró por treinta crores más. Construyó Rûpas. Piedras blandas que se endurecieron; Plantas duras que se ablandaron. Hizo visibles a Insectos y pequeñas Vidas invisibles. Ella los sacudía de su dorso cuando invadían a la Madre... Después de treinta crores, se volvió por completo. Reposó sobre su dorso, sobre un costado. No llamaría a Hijos del Cielo, ni buscaría a Hijos de la Sabiduría. Ella los creó de su propio Seno. Produjo Hombres Acuáticos, terribles y perversos.

6. Los Hombres Acuáticos, terribles y perversos, los creó ella misma de los restos de otros. Los formó del desperdicio y el fango de su Primera, Segunda y Tercera. Los Dhyânis vinieron y miraron... Los Dhyânis procedentes del resplandeciente Padre-Madre, vinieron de las Blancas Regiones, de las Moradas de los Mortales Inmortales.

7. Ellos estaban descontentos. «Nuestra Carne no está ahí. No hay Rûpas aptos para nuestros Hermanos de la Quinta. No hay Moradas para las Vidas. Ellos deben beber Aguas puras, no turbias. Sequémoslas».

Comentarios a la Estancia II

TREINTA CRORES:
Trescientos millones de años, según la Doctrina Secreta.

RÛPAS:
Formas.

PIEDRAS BLANDAS QUE SE ENDURECIERON:
Minerales.

PLANTAS DURAS QUE SE ABLANDARON:
Vegetación del tipo de los líquenes.

DESCANSA SOBRE SU DORSO:
Se refiere a los cambios de inclinación del eje de la Tierra y los consiguientes diluvios.

HOMBRES ACUÁTICOS:
Criaturas con cuerpo en parte animal y en parte humano. La Doctrina Secreta sugiere que los esporádicos casos de monstruosidad reconocidos por la ciencia médica son casos de regresión.

DHYÂNI:
Dioses Solares-Lunares y espíritus planetarios. Devas creativos.

Estancia II

8. Las Llamas vinieron. Los Fuegos con las Chispas, los Fuegos de la Noche y los Fuegos del Día. Ellos secaron las Aguas turbias y oscuras. Con su calor las agotaron. Vinieron los Lhas de la altura y los Lhamayin de Abajo. Mataron a las Formas de dos y de cuatro caras. Lucharon con los Hombres-Cabra, con los Hombres de Cabeza de Perro y con los Hombres de Cuerpo de Pez.

9. El Agua Madre, el Gran Mar, lloró. Ella se elevó, desapareció en la Luna, que la había hecho hacer.

10. Cuando fueron destruidos, la Tierra Madre quedose vacía. Pidió que la secaran.

Comentarios a la Estancia II

LAS VIDAS:
> *Las Mónadas. Ver Estudios sobre la conciencia y Genealogía del hombre.*

LAS LLAMAS:
> *Una Jerarquía de espíritus o ángeles; Devas de los que san Miguel puede ser el prototipo cristiano.*

LHAMAYIN:
> *Devas de un rango inferior.*

Estancia III

11. El Señor de los Señores vino. Del Cuerpo de ella, él separó las Aguas y arriba quedó el Cielo; el Primer Cielo.

12. Los grandes Chohans llamaron a los Señores de la Luna, de los Cuerpos Aéreos: «Producid Hombres, Hombres de vuestra naturaleza. Dadles sus Formas internas. Ella hará Vestiduras externas. Serán Machos-Hembras, Señores de la Llama también...»

13. Ellos fueron cada uno a la Tierra que se les asignó. Siete de ellos, cada uno a su Destino. Los Señores de la Llama se quedaron detrás. No querían ir; no querían crear.

Comentarios a la Estancia III

Señor de los Señores:
   Logos Planetario.

Chohan:
   Traducido Señor en la Doctrina Secreta; ahora se usa en la literatura teosófica con un sentido más especializado.

Señores de la Luna:
   Pitris Lunares. Ver Genealogía del Hombre.

Dadles:
   A los Jivas o Mónadas.

Machos-Hembras:
   Se refiere a los Dioses de la Luna o Pitris lunares.

Estancia IV

14. Las Siete Huestes, los Señores Nacidos de la Voluntad, impulsados por el Espíritu que da la Vida, separaron a los Hombres de ellos mismos, cada uno en su propia Zona.

15. Nacieron siete veces siete Sombras de Hombres futuros, cada una de su propio Color y Especie. Cada una inferior a su Padre. Los Padres, los Sin-Huesos, no podían dar la Vida a Seres con Huesos. La progenie de ellos fue Bhûta, sin Forma ni Mente. Por esa razón, ellos son llamados la Raza Chhâyâ.

16. ¿Cómo nacieron los Manushya? ¿Cómo se formaron los Manús con mentes? Los Padres llamaron en su ayuda a su propio Fuego, que es el Fuego que arde en la Tierra. El Espíritu de la Tierra llamó en su ayuda al Fuego Solar. Estos tres, con sus esfuerzos reunidos, produjeron un buen Rûpa. Podía estar de pie, andar, correr, reclinarse o volar. Sin embargo, no era aún más que un Chhâyâ, una sombra sin entendimiento...

Comentarios a la Estancia IV

ESPÍRITU DONANTE DE VIDA:
Fohat.

BHÛTA:
Fantasma. Véase pie de nota, Doctrina Secreta, vol. II, p. 107.

MANUSHYA:
Hombres con mente, diferentes de los Chhâyâs, que eran amanasa, no tenían mente.

LOS PADRES:
Lunares o Barishad Pitris.

PROPIO FUEGO:
Kavyavâhana, fuego eléctrico.

FUEGO SOLAR:
Shuchi, el espíritu que hay en el Sol.

ESTOS TRES:
Los Pitris y los dos fuegos.

ESPEJO DE SU CUERPO:
Sombra Astral es la interpretación que se da en la Doctrina Secreta, pero en la terminología más reciente sería más apropiado el término Doble Etérico.

Estancia IV

17. El Aliento necesitaba una Forma; los Padres se la dieron. El Aliento necesitaba un Cuerpo Denso; la Tierra se lo modeló. El Aliento necesitaba el Espíritu de Vida; los Lhas Solares lo Exhalaron en su forma. El Aliento necesitaba un Espejo de su cuerpo; «¡Nosotros le dimos el nuestro!», dijeron los Dhyânis. El Aliento necesitaba un Vehículo de Deseos; «¡Lo tiene!», dijo el Drenador de las Aguas. Pero el Aliento necesitaba una Mente para comprender al Universo; «No podemos dar eso», dijeron los Padres. «¡Jamás la tuve!», dijo el Espíritu de la Tierra. «¡La Forma sería consumida si yo le diese la mía!», dijo el Gran Fuego. El Hombre se quedó en un Bhûta vacío e insensible. Así dieron la Vida los Sinhuesos a los que se convirtieron en Hombres con Huesos en la Tercera.

Comentarios a la Estancia IV

DRENADORES DE LAS AGUAS:
>Shuchi, el fuego de pasión e instinto animal, es la explicación dada en el Comentario.

GRAN FUEGO:
>Fuego Solar, probablemente Logos Solar.

TERCERA:
>Tercera Raza.

Estancia V

18. Los Primeros fueron los Hijos de Yoga. Sus Hijos, los Hijos del Padre Amarillo y de la Madre Blanca.

19. La Segunda Raza se produjo por brote y expansión, la A-sexual procede de la Sin-sexo. Así fue, ¡Oh Lanú!, producida la Segunda Raza.

20. Sus Padres fueron los Nacidos por sí mismos... Los nacidos por sí mismos, los Chhâyâs procedentes de los Brillantes Cuerpos de los Señores, los Padres, los Hijos del Crepúsculo.

Comentarios a la Estancia V

LOS PRIMEROS:
La primera Raza.

PADRE AMARILLO Y MADRE BLANCA:
Sol y Luna. Dhyânis Solar y Pitris Lunar.

A-SEXUAL PROCEDENTE DE LA SIN-SEXO:
O sea, la forma A-sexual que procede de la sombra sin sexo.

NACIDOS POR SÍ MISMOS:
«Aplicado a todos los dioses y seres nacidos de la voluntad, bien sea de una Deidad o de un Adepto», dice la Doctrina Secreta.

HIJOS DEL CREPÚSCULO:
Pitris del sistema Brahmánico procedente del «Cuerpo de Crepúsculo» de Brahma. Véase Purunas y también Genealogía del hombre.

LAS AGUAS VIEJAS SE MEZCLARON
CON LAS AGUAS MÁS RECIENTES:
Raza vieja o primitiva que surgió en la Segunda Raza y se unificó con ella. La Primera Raza nunca murió.

Estancia V

21. Cuando envejeció la Raza, las Aguas antiguas se mezclaron con las Aguas más recientes. Cuando sus Gotas se enturbiaron, se desvanecieron y desaparecieron en la nueva Corriente, en la cálida Corriente de la Vida. Lo Externo de la Primera se convirtió en lo Interno de la Segunda. El Ala Vieja se hizo la Sombra nueva y la Sombra del Ala.

Comentarios a la Estancia V

«Lo Externo de la Primera se convirtió en lo Interno de la Segunda»:
   Las sombras astrales se vistieron con un cuerpo físico.

El Ala Vieja...:
   La Forma Etérea que produjo su sombra e imagen (el físico más denso) se convirtió en la Sombra.

Estancia VI

22. Después la Segunda desarrolló la Nacida del Huevo, la Tercera. El Sudor creció, sus Gotas crecieron y las Gotas se hicieron duras y redondas. El Sol las calentó; la Luna las enfrió y les dio forma; el viento las nutrió hasta su madurez. Desde la Estrellada Bóveda, el Cisne Blanco cubría la Gran Gota. El Huevo de la Raza futura, el Hombre-Cisne de la Tercera ulterior. Primeramente macho-hembra, luego hombre-mujer.

23. Los Nacidos-por-sí-mismos fueron los Chhâyâs, las Sombras de los Cuerpos de los Hijos del Crepúsculo. Ni el agua ni el fuego podrían destruirlos. A sus hijos sí los destruyeron.

Comentarios a la Estancia VI

TERCERA:
> *Tercera Raza. El Comentario de esta Estancia dice que era un estado de humanidad ovípara.*

SHLOKA 23:
> *Al ser la Primera Raza un ser astral, no podía ser dañada ni destruida por el fuego físico ni por el diluvio, pero la Segunda Raza pudo ser y fue destruida así.*

Estancia VII

24. Los Hijos de la Sabiduría, los Hijos de la Noche, preparados para renacer, descendieron. Vieron las formas viles del Primer Tercio. «Podemos elegir», dijeron los Señores; «Poseemos la Sabiduría». Algunos entraron en los Chhâyâs. Otros arrojaron una Chispa. Otros esperaron hasta la Cuarta. De su propia Rûpa llenaron el Kâma. Los que entraron se convirtieron en Arhats. Los que sólo recibieron una Chispa quedaron privados de conocimiento; la Chispa ardía débilmente. La Tercera se quedó sin mente. Sus Jîvas no estaban preparados. Éstos fueron apartados entre las Siete. Se volvieron de cabeza estrecha. Un Tercio estuvo preparado. «En éstos moraremos», dijeron los Señores de la Llama y de la Sabiduría Secreta.

25. ¿Cómo obraron los Manasa, los Hijos de la Sabiduría? Rechazaron a los Nacidos-por-sí-mismos. No estaban preparados. Desdeñaron a los Nacidos del Sudor. No estaban completamente preparados. No quisieron empezar en el Nacido del Huevo.

Comentarios a la Estancia VII

HIJOS DE LA NOCHE:
>   Según el sistema Brahmánico, del Cuerpo de Noche de Brahma.

CUARTA:
>   Cuarta Raza.

LLENARON EL KÂMA:
>   Intensificaron el Vehículo de Deseo.

SIETE:
>   Siete primitivas especies humanas.

SEÑORES DE LA SABIDURÍA SECRETA:
>   Asuras, Hijos de la Noche, el resultado de la Primera Cadena Planetaria.

NACIDO DE SÍ, NACIDO DEL SUDOR Y NACIDO DEL HUEVO:
>   Los inmaduros, cuerpos físicos a medias dispuestos. «No todos los organismos estaban suficientemente preparados. Las Fuerzas que encarnan eligieron los frutos más maduros y rechazaron el resto», dice la Doctrina Secreta.

EL DOBLE:
>   Hermafrodita. Tercera Raza.

Estancia VII

26. Cuando el Exudado produjo al Nacido del Huevo, al doble, al potente, al poderoso con huesos, los Señores de la Sabiduría dijeron: «Ahora crearemos».

27. La Tercera Raza se convirtió en el Vâhan de los Señores de la Sabiduría. Creó Hijos de la Voluntad y del Yoga, por Kriyâshakti los creó, los Santos Padres, antepasados de los Arhats...

Comentarios a la Estancia VII

VÂHAN:
Vehículo.

KRIYÂSHHAKTI:
Fuerza de la Voluntad o Fuerza del Pensamiento.

Estancia VIII

28. De las gotas de sudor, del residuo de la sustancia, materia procedente de los cuerpos muertos de hombres y animales de la Rueda anterior, y del polvo desechado, se produjeron los primeros animales.

29. Animales con huesos, dragones del Océano y Sarpas voladoras fueron añadidos a los seres que reptan. Los que se arrastran por el suelo adquirieron alas. Los acuáticos de largo cuello se convirtieron en los progenitores de las aves del aire.

30. Durante la Tercera, los animales sin huesos crecieron y se transformaron; se convirtieron en animales con huesos, sus Chhâyâs se solidificaron.

31. Los animales se separaron los primeros. Empezaron a engendrar. El hombre doble se separó también. Dijo «Hagamos lo que ellos: unámonos y hagamos criaturas». Así lo hicieron...

32. Y los que no tenían Chispa tomaron para sí enormes animales hembras. Engendraron con ellas razas mudas. Mudos eran ellos mismos. Pero sus lenguas se desataron. Las lenguas de su progenie permanecieron calladas. Engendraron monstruos: una raza de monstruos encorvados, cubiertos de pelo rojo, andando a cuatro patas. Una raza muda, para guardar callada la vergüenza.

Comentarios a la Estancia VIII

RUEDA ANTERIOR:
Pasada la Primera Vuelta, las Estancias se encuentran ahora en el principio de la cuarta Vuelta.

SARPAS:
Serpientes.

La Shloka 29 habla de la evolución en líneas familiares a los geólogos.

TERCERA:
Tercera Raza.

LOS QUE NO TENÍAN CHISPA:
Es decir, los de cabeza estrecha. Véase Shloka 24.

MONSTRUOS ENCORVADOS, CUBIERTOS DE PELO ROJO:
«No se trata de un antropoide o cualquier otro simio, sino de lo que los antropólogos llaman el eslabón perdido, el primitivo hombre inferior». Pie de nota de la Doctrina Secreta, vol. II, p. 194.

Estancia IX

33. Viendo esto, los Lhas que no habían construido hombres, lloraron, diciendo:

34. «Los Amânasa han profanado nuestras mansiones futuras. Esto es Karma. Habitemos en las otras. Enseñémoslos mejor, no sea que ocurra algo peor». Así lo hicieron...

35. Entonces, todos los hombres fueron dotados de Manas. Vieron el pecado de los sin mente.

36. La Cuarta Raza desarrolló el lenguaje.

37. El uno se convirtió en dos, igual que todos los seres vivos y reptiles que eran todavía uno, peces gigantescos, pájaros y serpientes, con cabezas de conchas.

Comentarios a la Estancia IX

LHAS:
Aquí significa Hijos de la Sabiduría.

AMÂNASA:
Sin mente.

SHLOKA 36:
La Primera Raza, la nacida de sí misma, era muda. La Segunda Raza tenía un lenguaje sonoro, de sonidos melódicos, compuesto solamente por vocales. La Tercera Raza empezó pronto una especie de lenguaje, mejorando un poco los sonidos de la Naturaleza; pero después, cuando se separaron los sexos, se desarrolló una especie de lenguaje, pero era monosilábico y se trataba todavía de un intento. Con la Cuarta Raza llegó una lengua aglutinante.

Estancia X

38. Así, de dos en dos, en las Siete Zonas, la Tercera Raza dio nacimiento a la Cuarta; los Sura se convirtieron en A-sura.

39. La Primera, en todas las Zonas, fue del color de la Luna; la Segunda, amarilla como el oro; la Tercera roja; la Cuarta marrón, que se volvió negra por el pecado. Los siete primeros vástagos humanos fueron todos de un color. Los siete siguientes empezaron a mezclarse.

40. Entonces la Tercera y Cuarta crecieron con orgullo. «Somos los reyes; somos los dioses».

41. Tomaron esposas de hermosa apariencia. Esposas procedentes de los sin mente, los de cabeza estrecha. Engendraron Monstruos. Demonios perversos macho y hembra, también Khado, con mentes limitadas.

42. Construyeron templos para el cuerpo humano. Rendían culto a varón y hembra. Entonces el Tercer Ojo dejó de actuar.

Comentarios a la Estancia X

SIETE ZONAS:
>Siete Centros Creativos que la doctrina oculta asigna al principio de cada raza, en el continente correspondiente a su época.

DEL COLOR DE LA LUNA:
>O sea, blanco-amarillo.

LOS SIETE PRIMEROS VÁSTAGOS:
>Quiere decir, del principio.

LOS SIETE SIGUIENTES:
>Se refiere a las subrazas.

Las Shlokas 40, 41 y 42 tratan de la degeneración de las Razas de Lemuria y la Atlántida. Si se quiere un estudio mucho más detallado, se puede consultar el volumen II de la Doctrina Secreta, y la parte cuarta de Genealogía del Hombre.

KHADO:
>En sánscrito, Dâkinî.

TERCER OJO:
>En la India, Ojo de Shiva. La glándula pineal, órgano de visión astral en el cuerpo físico.

Estancia XI

43. Construyeron enormes ciudades. Construían con tierras y metales raros. De los fuegos vomitados, de la piedra blanca de las montañas y de la piedra negra tallaban sus propias imágenes a su tamaño y semejanza, y las adoraban.

44. Construyeron grandes imágenes de nueve yatis de alto: el tamaño de sus cuerpos. Fuegos internos habían destruido la tierra de sus padres. El agua amenazaba a la cuarta.

Comentarios a la Estancia XI

ELLOS:
> *Los Lemures.*

FUEGOS VOMITADOS:
> *Lava.*

PIEDRA BLANCA:
> *Mármol.*

PIEDRA NEGRA:
> *Basalto.*

> *Algunas estatuas de la Isla de Pascua se refieren al origen de Lemuria.*

> *La Shloka 44 se refiere a los Atlantes.*

NUEVE YATIS:
> *Equivalencia a 27 pies.*

PADRES:
> *Los Lemures. El Continente Lemur quedó destruido por la acción volcánica.*

Estancia XI

45. Las primeras grandes aguas vinieron. Ellas sumergieron las siete grandes islas.

46. Todos los justos se salvaron, los impíos perecieron y, con ellos, la mayor parte de los enormes animales, producidos del sudor de la tierra.

Comentarios a la Estancia XI

EL AGUA AMENAZABA A LA CUARTA:
> *El Continente Atlántico sucumbió sumergido por sucesivos diluvios.*

SIETE GRANDES ISLAS:
> *(O Dvîpas) en el Continente Atlántico, destruidas por una sucesión de catástrofes en largos intervalos de tiempo.*

Estancia XII

47. Quedaron pocos: Algunos amarillos, algunos de color marrón y negro y algunos rojos. Los del color de la Luna habían desaparecido para siempre.

48. Quedó la quinta, producida del tronco santo; ella fue gobernada por los primeros Reyes Divinos.

49. ... Las Serpientes que volvieron a descender, que hicieron la paz con la Quinta, que la enseñaron e instruyeron.

Comentarios a la Estancia XII

SHLOKA 47:
>*La Doctrina Secreta dice que la primitiva estirpe divina, del color de la Luna, desapareció para siempre.*

LA QUINTA:
>*La Quinta Raza. Véase Genealogía del Hombre.*

SERPIENTES QUE VOLVIERON A DESCENDER:
>*Los Arhats, adeptos o sabios que han sido conocidos siempre en la tradición oculta por sus esculturas. Resultaron ser los reyes-divinos, sacerdotes y guías que figuran en las leyendas de tantos países.*

Índice

Prólogo 5

PRIMERA PARTE
Sinopsis de las siete primeras Estancias 11
    Estancia I 16
    Estancia II 20
    Estancia III 24
    Estancia IV 32
    Estancia V 36
    Estancia VI 42
    Estancia VII 46

SEGUNDA PARTE
Antropogénesis 55
    Estancia I 56
    Estancia II... 60
    Estancia III 64
    Estancia IV 66
    Estancia V 70
    Estancia VI 74
    Estancia VII 76
    Estancia VIII 80
    Estancia IX 82
    Estancia X 84
    Estancia XI 86
    Estancia XII 90